ÉLOGE

DE

M. L'ABBÉ LACOMBE

VICAIRE GÉNÉRAL,

Supérieur du Petit Séminaire de Bordeaux,

PRONONCÉ

A la Distribution solennelle des Prix,

Le 23 Août 1852.

BORDEAUX,

IMPRIMERIE DE J. DUPUY ET COMP., RUE MARGAUX, 11.

—

1852

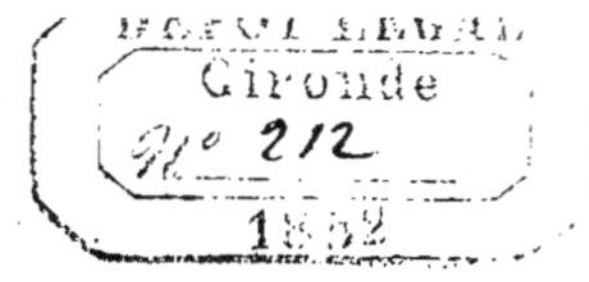

ÉLOGE

DE

M. L'ABBÉ LACOMBE,

VICAIRE-GÉNÉRAL, SUPÉRIEUR DU PETIT SÉMINAIRE DE BORDEAUX.

MONSEIGNEUR,

Il est donc vrai : nos jours de fête se sont changés en jours de deuil ! Ce jour, si beau pour nous d'ordinaire, ce jour n'a plus pour nous de charmes. L'espoir du triomphe effleure à peine nos âmes, et ces lauriers, si désirés naguère, si brillants à nos yeux, nous paraissent aujourd'hui couverts d'un crêpe funèbre. Et pourtant, rien n'est changé, ce semble : tout est ici comme par le passé : nos familles remplissant cette enceinte, l'élite des citoyens accourus pour applaudir à nos succès, des Prêtres, des Pasteurs nous entourant de leur bienveillance, et au milieu d'eux un Prince de l'Église dont la gloire et les dignités semblent donner à ce jour une splendeur nouvelle. Que manque-t-il donc à cette solennité? Un homme, un homme manque, un ami, un père.

Tous les yeux le cherchent, tous les cœurs le réclament. Il n'est plus cet homme si bon, ce Prêtre si dévoué, ce père si tendre, celui dont l'affection suppléait pour nous à toutes les affections absentes, et dont l'amour nous faisait presque oublier, en le remplaçant, l'amour même de nos mères! Il n'est plus là pour sourire à nos travaux, pour jouir de notre bonheur et pour triompher de notre gloire!

Cette solennité ne ressemble donc point aux solennités qui la précédèrent. A la place de la joie le deuil, des regrets au lieu d'espérances, des pleurs contenus au lieu de chants de triomphe. La mort, la mort s'est abattue sur nous comme une tempête, son ombre a obscurci nos victoires. Pauvres enfants! c'est sur la tombe d'un père qu'on vous couronne!

Pourquoi donc élever la voix, Messieurs? pourquoi rompre un silence si conforme à la douleur présente? C'est pour parler de lui; c'est pour redire ses vertus; c'est pour nous rappeler cette figure si noble, si douce et si souriante; c'est pour nous consoler ensemble, en mêlant un moment nos souvenirs et nos larmes.

Qu'elle fut belle et qu'elle fut pleine, la vie que nous avons à décrire! Quelle unité puissante! Mais dans cette unité même, quelle riche variété et quelle fécondité merveilleuse! L'an passé, nous disions les vertus d'un Pasteur qui, trente-sept ans, avait vécu à l'ombre du même autel; aujourd'hui nous raconterons les travaux d'un Prêtre qui, trente-six ans, s'enferma dans le Temple, appelant à lui les jeunes générations lévitiques, les formant dans l'ombre et le silence, et les versant ensuite, comme des eaux fécondes, sur le champ fertilisé de l'Église. Admirable constance d'un homme qui, par la force de sa volonté et l'énergie de son dévouement, enchaîne cette mobilité inhérente à notre nature, demeure toujours le même quand tout change autour de lui, toujours attentif à son œuvre, sans que rien l'en détourne. ni le bruit des révolutions, ni la chute des empires, ni l'espoir vague de l'inconnu, et dans cette mutabilité constante des choses humaines, offre l'image de l'immutabilité même de Dieu!

Tel fut l'homme que nous pleurons, et dont nous voulons aujourd'hui vous parler.

Il naquit à Bordeaux, le 1er février 1788.

Pour nous, M. Lacombe n'eut point d'enfance : il nous apparut dans la plénitude de l'âge et des vertus, le front ceint d'une auréole, comme un de ces Prêtres de l'ancienne loi, comme un de ces Prophètes, sans généalogie, qui se montraient tout-à-coup au milieu des peuples étonnés, et dont on ne savait autre chose, sinon qu'ils venaient de Dieu et qu'ils étaient ses envoyés. C'est là une illusion de l'admiration et du respect. M. Lacombe eut une enfance, noble et digne prélude d'une belle et sainte vie : elle grandit dans les orages, et c'est pourquoi elle fut forte.

Quand vos pieds, affermis à peine, franchirent pour a première fois le seuil de la demeure paternelle, Messieurs, l'Église vous ouvrit ses temples et déploya devant vous les splendeurs de son culte et la pompe majestueuse de ses cérémonies. Quand M. Lacombe franchit le seuil domestique, quand il alla, comme tout enfant, réclamer au dehors la vie du cœur et le pain de l'intelligence, il trouva les Temples fermés, les Prêtres en fuite, et la Religion rentrée dans les catacombes. Pour toute pompe sacrée, il vit des parodies sanglantes, des croix abattues, des églises dévastées, et de longues files de Religieux et de Prêtres qui marchaient en priant vers l'échafaud.

Le sacrifice était offert encore, il est vrai, mais dans des maisons courageuses. Les fidèles s'assemblaient encore autour du Prêtre, mais en bravant le bourreau. Le jeune Lacombe assistait à ces sacrifices et se mêlait à ces assemblées :

elles se tenaient dans la maison paternelle. C'est là que se dressait l'autel , c'est là que se cachait le Prêtre. La foi des confesseurs , l'héroïsme des martyrs , investissaient le jeune néophyte.

La persécution cessa, mais les églises ne furent point encore rouvertes. M. Lacombe fit sa première Communion dans une maison particulière. Deux Prêtres éminents le préparèrent à cette action importante, M. l'Abbé Lacroix et M. l'Abbé Rauzan : toujours de saints Prêtres à la base d'une vie sainte et sacerdotale !

L'enfant était devenu jeune homme. Une taille élevée, un noble visage , un air de dignité et de modestie répandu sur toute sa personne, en un mot tous les dons extérieurs qui constituent la beauté physique , et que Dieu donne quelquefois à ses saints comme complément de la beauté morale, et de plus une gaîté douce , un esprit naturel, une politesse aimable , tout cela recommandait le jeune Lacombe et lui attirait les regards. Le monde s'ouvrait devant lui avec ses caresses et ses espérances. Partout où il eût paru , il était sûr de plaire.

A cette époque, il fut envoyé dans un château , non loin de la ville , chargé d'une requête pour un haut personnage dont l'appui était nécessaire au succès d'une affaire importante. A son arrivée, la table était servie; la dame du lieu l'invite à prendre place parmi les convives. Le jeune messager refuse ; mais la dame insiste, et le jeune homme se voit dans la nécessité, ou d'accepter, en violant une loi de l'Église, ou de persister dans son refus, en blessant les personnes dont la bienveillance est indispensable au succès de son message. Le jeune Chrétien n'hésite pas ; il refuse une dernière fois et motive son refus. Cet acte de foi courageux et solennel à une telle époque (c'était vers 1804), et dans de telles circonstances, étonna tout le monde, mais n'offensa per-

sonne. Ou loua la religion du jeune homme et sa noble har-
diesse. La requête fut pleinement exaucée, et M. Lacombe
s'en retourna heureux de son succès, plus heureux encore
de la victoire qu'il venait de remporter sur lui-même et sur
le siècle.

« Parce que tu as été fidèle, je te bénirai, je multiplierai
ta race et je te ferai père d'un grand peuple. » (1). Dès ce
moment, des pensées graves descendirent dans l'âme du jeune
Lacombe. Il vit l'Église de Bordeaux désolée et appauvrie,
et il résolut de lui donner un Prêtre de plus. Que de Prêtres
il allait lui donner dans un seul Prêtre !

Il n'a pas commencé ses études. Le commerce et les scien-
ces qui s'y rattachent ont occupé jusqu'ici ses loisirs. N'im-
porte, les obstacles n'arrêtent pas cette volonté forte et généreuse. Un travail obstiné répare les années perdues. Après
avoir étudié quelque temps au Petit Séminaire, qui cherchait
dès-lors à se reconstituer et s'abritait à l'ombre du grand, il
part pour Paris en 1809 et entre au Collége Stanislas, alors
dirigé par M. Liautard. Les enfants des premières familles
de France étaient réunis dans ce Collége. La distinction de
ses manières, la bonté de son cœur et l'affabilité de son caractère y firent accueillir favorablement M. l'Abbé Lacombe.
On lui confia la direction d'une classe importante. Le zèle
qu'il mit à procurer l'avancement de ses élèves contribua à
son propre avancement. Des études sérieuses et suivies for-
tifièrent son esprit et agrandirent ses connaissances. Les au-
teurs du grand siècle furent lus, analysés, commentés par
lui; les volumineux ouvrages du sage Rollin passèrent sous
ses yeux et se résumèrent sous sa plume. Il puisa dans ces
lectures choisies ce goût sain, ce jugement sûr, cet amour
passionné pour notre langue, qui lui firent toujours appré-

(1) Genèse, ch. XXII, v. 16.

cier avec justesse les œuvres littéraires, et de plus ce style noble, ce langage élevé, indices d'une éducation bien faite et d'une intelligence heureusement cultivée.

Neuf années s'étaient écoulées depuis le début de ses études classiques ; il ne se hâtait pas d'arriver au terme. Déjà se montrait en lui cette nature calme, patiente, qui ne précipite rien, qui sait attendre et dispose lentement les moyens, pour mieux assurer les résultats. Il semble que Dieu lui eût fait ses confidences, et d'avance lui eût montré la mission importante qu'il allait lui confier.

Il avait alors vingt-cinq ans. Son esprit était mûr et ses facultés pleinement développées. Il crut devoir enfin aborder, quoique en tremblant, le redoutable Sanctuaire. Il entra au Séminaire de Saint-Sulpice pour y étudier la science sacrée et y puiser le véritable et solide esprit du Sacerdoce. Son âge, sa piété, sa haute raison, et cet air imposant qui commandait déjà le respect, le désignèrent au choix de ses supérieurs pour remplir les fonctions de chef des Catéchistes de la paroisse. Quel doux souvenir ont conservé de lui ceux que formèrent alors ses mains ! L'un d'eux mêlait dernièrement sa douleur à la nôtre, et envoyait à la tombe récente de notre commun père, l'hommage de ses tendres regrets et de sa reconnaissance filiale. C'était Mgr Dupanloup, Évêque d'Orléans.

Enfin l'heure solennelle est arrivée, cette heure si longuement et si laborieusement préparée par la Providence. M. Lacombe va recevoir l'onction sacerdotale. Le Pontife étend ses mains sur lui. O Dieu ! répands tes dons sur cette tête si chère ! Église de Bordeaux, tourne tes regards vers lui ; Église affligée, réjouis-toi, que d'enfants nouveaux vont naître de ton sein ! Dilate tes pavillons, agrandis tes tentes, tes déserts vont fleurir, tes solitudes vont être peuplées. Dieu t'envoie le père futur d'un peuple nombreux et le chef d'une race sainte. Et nous, Messieurs, nous, postérité bénie de ce patriarche, nous aussi levons nos mains au ciel, faisons monter vers Dieu notre reconnaissance, car Dieu pensait à nous à cette heure sacrée, Dieu dans le père voyait déjà les enfants.

On était vers le milieu de l'année 1816. Depuis quinze ans, l'Église de Bordeaux, comme toutes les Églises de France, s'efforçait de sortir de ses ruines ; mais malgré le zèle et la sainteté de son Pontife, elle n'avait pu encore réparer ses pertes. Partout apparaissaient les douloureuses traces de ses malheurs passés : des églises délabrées, des presbytères déserts, des temples abandonnés, l'herbe croissant dans la maison de Dieu, de vastes contrées sans Pasteurs, des générations entières grandissant dans l'ignorance des devoirs religieux, et nulle part d'espérances prochaines d'un meilleur avenir ! Les sources du Sacerdoce presque taries, les appels à la jeunesse catholique restés impuissants et sans réponse ! Quelques Églises voisines, il est vrai, avaient été touchées de notre pauvreté, et leur abondance était venue en aide à notre détresse. Mais, quelque précieux que fût ce secours, était-il pour cela durable ? Et ces emprunts à des Clergés plus riches, constituaient-ils pour Bordeaux une ressource solide et permanente ?

Disons-le toutefois à la décharge de nos contemporains : de tout temps, le Sacerdoce s'était difficilement recruté dans ce Diocèse : un grand fleuve le parcourant dans toute sa longueur, les vaisseaux du monde entier se donnant rendez-vous dans ses ports, l'Asie, l'Afrique, l'Amérique, les îles lointaines y apportant leurs produits et y étalant leurs richesses, un mouvement rapide de travail, de bien-être et de fortune, n'était-ce pas là des tentations puissantes pour une jeunesse vive, hardie et aventureuse? Alors même que l'Église riche, et bien dotée, pouvait offrir un dédommagement au sacrifice et au dévoûment sacré de terrestres espérances,

les fils de Tyr préférèrent toujours aux richesses lentement
et laborieusement conquises du Sacerdoce, les richesses plus
promptes et plus faciles du commerce. Et toujours l'Église
de Bordeaux, pauvre au milieu de son opulence, tendit la
main aux Églises, ses sœurs, et reçut d'elles l'aumône de ses
Ministres. Fallait-il s'étonner qu'aujourd'hui, dépouillée et
nue, triste naufragée, assise sur des débris, elle n'attirât pas
à elle une jeunesse à peine encore Chrétienne, et que sollici-
taient plus vivement que jamais toutes les voies rouvertes
des honneurs et de la fortune? N'était-ce pas là une chose
naturelle, et ce que nous avons vu depuis, n'est-ce pas l'effet
merveilleux d'une Providence toute divine?

« Sire, écrivait au Roi l'Archevêque de Bordeaux, en
» réclamant un asile pour son Petit Séminaire encore sans
» abri particulier, dans le Diocèse de Bordeaux, l'exercice
» du ministère sacré tend à une prochaine et presque totale
» destruction..... C'est à peine si je puis me permettre tous
» les ans cinq ou six sujets pour les ordinations; d'où il ré-
» sulte que, si nous n'y prenons garde, nous sommes pro-
» chainement menacés, dans le Diocèse de Bordeaux, d'une
» affreuse disette sacerdotale. » (1).

(1) Voici un extrait plus étendu de la lettre du saint Prélat :

« Sire,

» Dans le Diocèse de Bordeaux, l'exercice du Ministère sacré tend
à une totale et presque entière destruction : déjà près de la moitié
des paroisses demeurent vacantes faute d'ouvriers Évangéliques,
pour remplacer ceux que la mort enlève tous les jours. Parmi les
autres, un grand nombre n'est administré que par des Prêtres âgés
et valétudinaires qui ont de la peine à remplir les fonctions les plus
essentielles de leur ministère; de là, en certains endroits, plus de
Catéchisme, plus d'Instructions religieuses, plus de Messes, plus de
Sacrements ; et, par suite, les peuples, livrés à eux-mêmes, tombent

Pieux Pontife, rassure-toi, tes vertus prient pour ton Église, le Sacerdoce ne périra pas dans son sein. Ces Prêtres blanchis dans l'exil, usés dans l'apostolat, ces Prêtres qui s'inclinent déjà vers la tombe, auront des successeurs. Regarde, regarde là-bas, au bord du fleuve, le grain de sénevé qui germe; abrite-le sous ton aile, arrose-le de tes sueurs, entoure-le de tes soins, sanctifie-le de tes larmes, et l'arbuste se fera grand arbre, et il étendra ses rameaux sur ton Église, et tes troupeaux s'abriteront sous ses feuilles, et il offrira un doux et frais ombrage à ta vieillesse.

Là-bas, en effet, sur la rive droite de la Garonne, dans la petite ville de Cadillac, il y avait un Curé, saint vieillard, qui, sentant sa fin prochaine, voulut se survivre à lui-même et laisser une étincelle sur sa tombe; il se nommait Etienne Goumin. Il y avait aussi au-dessus de la sacristie de l'église de Cadillac une chambre abandonnée, ancienne salle du chapitre de saint Blaise. C'est là que le bon Curé réunit les premiers élèves de sa nouvelle pépinière ecclésiastique, c'est là qu'un jeune clerc leur donna les premières leçons (1).

dans une ignorance profonde de leurs devoirs, qui les conduit peu à peu à un état voisin de la barbarie.

» Après de tels bouleversements, il ne faudrait pas moins qu'un nombre considérable de nouveaux ouvriers Évangéliques pour le service ordinaire des paroisses. Une fois ce chiffre obtenu, il faudrait encore, pour l'entretenir, au moins vingt à vingt-cinq ordinants chaque année. Or, comment, avec nos ressources, songer à réparer nos pertes et à nous précautionner contre l'avenir? C'est à peine si je puis me promettre tous les ans cinq ou six sujets pour les ordinations; d'où il résulte que, si nous n'y prenons garde, nous sommes prochainement menacés, dans le Diocèse de Bordeaux, d'une affreuse disette sacerdotale. »

(*Vie de Mgr D'Aviau*, par M. l'abbé Lyonnet, tom. ii, pag. 640.)

(1) Ce jeune clerc était M. l'Abbé Videau, aujourd'hui archiprêtre de Castillon-sur-Dordogne.

Trois mois après, le Curé mourut; mais la semence était jetée, Dieu l'avait bénie, et la moisson n'était pas loin.

M. Lacombe fut envoyé pour la préparer; un local plus vaste est aussitôt choisi, et trente élèves, tous internes, l'occupent. Cinquante se groupent l'année suivante autour du jeune supérieur, et le 6 mai 1818, dix-huit d'entre eux reçoivent de Mgr D'Aviau la première tonsure dans la petite église de Cadillac. Saintes prémices, que vous touchâtes agréablement le cœur du vieil Archevêque, et que ses mains tremblantes s'étendirent sur vous avec une douce complaisance!

Mais à peine fondé, le frêle édifice est menacé de ruine: le pouvoir a résolu d'en disperser les débris. Un Petit Séminaire existait déjà dans le Diocèse, et la loi n'en permettait pas un second. Pauvre berceau que ballottent les vents et les ondes, berceau sacré qui portes le salut d'un peuple, tu vas périr! Non, non, il ne périra pas; une main divine s'approche de lui, l'arrache aux flots entr'ouverts, et conserve l'espérance d'un grand Diocèse. M. Lacombe tourne ses regards vers le ciel et fait un vœu à Notre-Dame-de-Verdelais. L'administration diocésaine, alarmée, lui envoie, pour le soustraire au péril présent, un diplôme de chef d'institution; il refuse ce titre laïque et renouvelle ses instances pour obtenir l'autorisation de la maison de Cadillac, en qualité d'École secondaire ecclésiastique.

« Donnez-nous un espace plus vaste où nous puissions habiter, s'écrie la jeune famille toujours croissante. » (1).

L'ancien Séminaire de l'Évêché de Bazas s'offre aux regards; on l'adopte, et la translation s'opère à la fin de l'année 1818. Le 30 juin 1819, une ordonnance royale confère à l'établissement de Bazas le titre d'École secondaire ecclé-

____

(1) Isaïe, ch. XLIX, v. 20.

siastique. Le Petit Séminaire est désormais fondé. Aussitôt maîtres et élèves, heureux et rayonnants, leur supérieur en tète, vont à Verdelais, pieds nus, rendre grâces à Dieu, dans le sanctuaire de Notre-Dame. Leur vénéré Pasteur et Père, Mgr D'Aviau, les y attendait. « Me voici, dit-il, en » les présentant à Marie, me voici, moi et ces enfants que » Dieu m'a donnés comme un miracle en Israël. » (1). Dans un pays Catholique, en effet, pour qu'une église ne pérît pas et pour que son Sacerdoce pût se reproduire, il avait fallu faire violence au ciel et demander à Dieu des miracles !

Les secousses avaient affermi l'œuvre naissante ; elle prit, dès-lors, un accroissement rapide. Le 4 mai 1820, l'Archevêque de Bordeaux vint à Bazas et donna la tonsure à cinquante-sept jeunes lévites ; le Séminaire en comptait déjà cent cinquante. Quel spectacle pour l'antique cité épiscopale ! La vieille cathédrale tressaillit d'aise : en voyant cette jeune et brillante milice, elle crut voir ses anciens jours, ses jours de prospérité et de gloire ; elle se rappela ses Pontifes, sa tribu sacerdotale, ses légions lévitiques se déployant dans ses vastes nefs et faisant retentir ses voûtes d'hymnes sacrés ; elle bénit Dieu qui consolait sa douleur et mettait un terme à son long veuvage. Autour d'elle, tant d'églises, ses filles, veuves aussi et désolées, prirent part à sa joie et purent enfin espérer des Pasteurs !

Ils ne se firent pas attendre : la source était ouverte, elle donna bientôt ses eaux. En 1821, quatorze jeunes rhétoriciens quittèrent le premier asile de leur enfance et se présentèrent à Bordeaux, sur le seuil du sanctuaire : l'année suivante en amena vingt-trois, et l'année d'après trente. L'Archevêque nonagénaire, avant de mourir, marqua du

____

(1) Isaïe, ch. viii, v. 18.

caractère sacré les aînés de cette famille prospère, dernier et heureux fruit de sa laborieuse et féconde vieillesse. La Providence les amenait à ses pieds et sous ses mains, comme la plus douce consolation à ses vieux jours et la plus digne récompense à ses travaux. Après cela, ses yeux mourants envisagèrent l'avenir sans crainte; la perpétuité du sacerdoce était assurée dans son Église. Quelques mois après, il recevait dans le ciel la couronne brillante des Pontifes !

Telles sont, Messieurs, nos annales domestiques; telle est notre origine, origine humble et obscure : mais ce qui vient de Dieu en eut-il jamais d'autre? Le Petit Séminaire a eu, lui aussi, sa crèche et ses langes, et ses premiers disciples recueillis sur les bords d'un fleuve. De tels commencements allaient aux goûts modestes de son fondateur. Toute sa vie il eut à cœur de se dérober à la gloire; et que sais-je si aujourd'hui même, il nous pardonne de faire son éloge et de publier ses vertus, qu'il s'efforça toujours de tenir cachées! Ah! du moins, père chéri, du moins rends-nous ce témoignage, que nous mettons à louer tes œuvres la même simplicité que tu mis à les faire. Du haut du ciel tu t'indignerais contre tes enfants s'ils faisaient servir à ta louange l'exagération et l'emphase : ce ne sont pas là les leçons qu'ils reçurent de toi.

Qu'est-il besoin de poursuivre l'histoire de cet édifice sacré que vous avez sous les yeux, que vous avez vu grandir peut-être, et auquel peut-être aussi vous avez apporté votre pierre? car il est l'œuvre de plusieurs : que de mains pieuses en affermirent les fondements ! que d'hommes puissants en élevèrent les assises et en protégèrent l'enceinte ! que d'âmes généreuses y versèrent l'abondance et ne se lassent pas de l'y verser encore ! Heureuse famille, les rois eux-mêmes furent tes nourriciers, et les reines tes nourricières ! (1). Trois

____

(1) Isaïe, ch. XLIX, v. 23.

Évêques te consacrèrent leurs sueurs, te comblèrent de leurs bienfaits, et aucun n'étendit plus longtemps sur toi sa puissante et active bienveillance, que le père tendre, le Prince bien-aimé de l'Église, sur le sein duquel tu reposes depuis quinze ans avec tant de bonheur !

Aussi bien, est-ce moins l'œuvre que nous voulons faire connaître que l'ouvrier. L'œuvre est grande, sans doute, mais l'ouvrier est peut-être plus grand encore. Qui de vous, à la vue de cet homme extraordinaire, ne se sentit plus d'une fois saisi d'une admiration muette et religieuse? Quelle noblesse de port ! quelle sérénité de visage ! quelle aménité de regard ! quelle grâce de sourire ! Une majesté douce environnait son front et rayonnait de toute sa personne. On eût dit un roi au milieu de ses sujets, quand il s'avançait entouré des siens; et lors même qu'il marchait seul, l'imagination lui prêtait une cour encore; ses mérites, ses longs services semblaient lui faire cortége.

A ces nobles dehors répondaient de rares vertus et d'étonnantes qualités. Une âme grande, un esprit élevé, un cœur généreux, des dons naturels qui semblent s'exclure dans les autres, et qui dans lui se complétaient et se prêtaient un mutuel appui : fermeté et douceur, indulgence et sévérité, dignité et condescendance. Aimé jusqu'à l'entraînement, respecté jusques au culte, il attirait par un charme puissant, il contenait par une irrésistible autorité. Mais une qualité dominait toutes les autres, et les éclairait d'un doux et céleste reflet : la bonté ! une bonté tendre, une bonté affectueuse, qui, comme un fleuve abondant, s'échappait de son cœur et coulait sans cesse par toutes les voies ouvertes de son âme, par ses regards, par ses paroles et par ses actes. « Lorsque » Dieu forma le cœur et les entrailles de l'homme, dit Bos- » suet, il y mit premièrement la bonté, comme le propre ca- » ractère de la nature divine et pour être la marque de cette

» main bienfaisante dont nous sortons. » Qui plus que M. Lacombe porta cette marque de l'ouvrier suprême? Qui mieux
que lui manifesta ce caractère auguste de la divinité? De tels
hommes donnent confiance, et font espérer en la bonté de
Dieu, dont ils sont ici-bas les images.

A la bonté, M. Lacombe joignait la sagesse. Un sens droit,
une intelligeuce ferme, semblaient le mettre à l'abri de l'er-
reur. Les hommes et les choses lui apparaissaient sous leur
vrai point de vue. C'est qu'il les voyait avec la lumière d'en
haut, c'est que son esprit s'éclairait du côté du ciel, et que
les opinions humaines ne pouvaient faire arriver jusqu'à lui
leurs trompeuses clartés. Une foi vive, une religion profonde
affermissaient ses jugements, et donnaient à cette raison,
naturellement forte, une énergie et une puissance nouvelles.

Il jugeait sainement parce qu'il jugeait sans passion. Placé,
par l'élévation naturelle de son âme, au-dessus des agitations
communes, dans une sphère haute et sereine, il portait sur
tout un regard tranquille et sûr, et jamais les troubles du
cœur n'obscurcirent en lui les lumières de l'intelligence. Quel
homme en effet sut mieux commander à sa nature et se pos-
séda plus pleinement lui-même?

Avec un cœur si bon, avec un esprit si droit, avec un tel
ensemble de qualités nobles et rares, M. Lacombe pouvait-il ne pas réussir dans l'œuvre que Dieu lui avait con-
fiée? Il était fait pour elle, il le comprit sans doute, et c'est
pourquoi, dès l'abord, il l'embrasse avec un zèle qu'aucun
obstacle n'arrête et qu'aucune séduction ne peut détourner.
A son arrivée de Paris, une grande et illustre famille de la
province essaie de le retenir auprès d'elle, en qualité de pré-
cepteur, et fait briller à ses yeux les plus flatteuses espérances; il répond qu'il est Prêtre pour son Diocèse, et non pour
une famille, et il court préparer des Prêtres à son Diocèse.
C'est là le dessein, la pensée unique de toute sa vie. Trente-

six ans sa main fut occupée à rechercher des vocations, et son cœur à les faire éclore : il scruta du regard, il remua profondément cette terre regardée jusque-là comme inféconde, et y découvrit les germes sacrés que la main prévoyante de Dieu avait déposés dans son sein. Il appela à lui, comme le divin Sauveur, l'enfance, l'enfance innocente et pure, du milieu des cités bruyantes, du sein des campagnes paisibles, de la maison opulente du riche, mais plus souvent de l'humble toit du pauvre ; il fit briller à ses yeux les grandeurs sublimes de l'apostolat, les gloires pures du Sacerdoce, et l'enfance accourut à lui comme à un père, et s'élança avec ardeur dans la carrière sainte où l'appelait son nouveau guide.

Avec quel soin pieux, avec quelle tendre sollicitude le sage instituteur cultivait ces jeunes âmes ! Comme il surveillait leur développement moral et dirigeait leurs inclinations naissantes ! Comme il jetait d'une main habile, dans ces cœurs épanouis sous son souffle, les semences fécondes des vertus héroïques et des nobles dévouements ! Rien ne rebute ses efforts. Qu'une nature ardente, mais généreuse, s'offre à lui, une de ces sèves puissantes qui poussent à la fois, et pèle-mêle, les défauts et les vertus, sous cette végétation luxuriante et déréglée, il distinguera la richesse du fonds qui la produit ; il émondera l'arbre avec précaution, il dirigera ses rameaux avec intelligence, il pardonnera beaucoup, il dissimulera beaucoup plus encore. En attendant, Dieu et le temps feront leur œuvre : les défauts tomberont, les vertus s'établiront, l'ordre et la paix se feront dans cette âme ; et parvenu au sommet de la montagne sainte, des pieds du Pontife qui vient de le consacrer, l'élu du Seigneur, le jeune Prêtre, se retournera vers le guide de sa jeunesse et lui dira avec l'effusion de la reconnaissance : « Que vous fûtes indulgent pour moi ! Bon père, je vous dois mon sacerdoce ! »

2

Quel gracieux et touchant tableau s'offre à nos regards !
Voyez-le le vieillard auguste, en présence de ce jeune enfant,
son élève. Il le couvre de son amour, il le caresse de son regard, il fait tomber goutte à goutte , dans ce cœur encore
tendre, la douce et vivifiante rosée de sa parole. On dirait la
sagesse elle-même instruisant son disciple. « Mon fils, écou-
tez les enseignements de votre père, et qu'ils soient un ornement à votre tête et un riche collier à vos épaules. » (1). Et
chaque jour ramènera les mêmes leçons, sans que la patience
du maître se lasse, ou que son espérance l'abandonne , jusqu'à ce que l'enfant soit devenu homme et qu'une âme de
Prêtre ait été formée en lui.

Un amour immense pour l'enfance, riche présent du ciel,
adoucit la tâche de l'instituteur et la lui rend facile. Il a pour
ses enfants le cœur d'une mère, il en a aussi la puissance. Il
leur inspire ses sentiments, il leur insinue ses pensées, il leur
communique et leur transmet son âme. Devant cet amour si
tendre et si désintéressé, il n'est pas de volonté qui ne cède,
pas de nature, si dure qu'elle soit, qui ne s'amollisse à cette
flamme sainte. Les lions frémissants viennent déposer à ses
pieds leur fierté sauvage, et recevoir, de sa main caressante,
l'empreinte ineffaçable qu'ils doivent porter à jamais dans le
siècle ou dans l'Église. Cet amour, il se donne à tous, sans
mesure et sans partage, comme les dons de Dieu, l'air, la lumière. Cet amour, il s'étend à tout, aux besoins physiques
comme aux nécessités morales. Qu'un enfant ait une fois
reposé sur le cœur du maître, que le regard pénétrant de ce-
lui-ci ait lu les desseins de Dieu dans l'âme du jeune lévite,
jamais, quoique il arrive par la suite, il ne lui retirera sa
main. « Votre père vous abandonna-t-il, votre mère, s'il se
pouvait, vous oublia-t-elle, moi, je ne vous abandonnerai

(1) Proverbes, ch. I, v. 8 et 9.

pas, moi, je ne vous oublierai pas. » (1). Et il sera son père, sa mère, sa Providence ; il ne le laissera aller qu'après l'avoir conduit au pied de l'autel et en le remettant aux mains même de Dieu. « Lorsque je suis moralement sûr de leur vocation, il n'est pas d'obstacle qui m'arrête, car alors la volonté de Dieu se déclare. » C'est lui-même qui parle ainsi à un Curé du Diocèse, dans une lettre du 23 janvier 1848, quatre ans avant sa mort.

C'est ainsi que M. Lacombe formait la jeunesse par la raison tout à la fois et par le sentiment. Sa main lui montrait le devoir, mais sa voix le lui faisait comprendre, et sa tendresse le lui faisait aimer. Nulle pression dans son gouvernement, nulle contrainte violente, expansion facile, libre épanouissement, et toutefois direction sage et redressement intelligent des instincts et des caractères. Aussi, quelle joie sur les fronts, quelle paix sur les visages, quelle franchise dans les discours et dans la conduite, quel air de bonheur parmi cette jeunesse vive, sémillante, laborieuse et Chrétienne! Ce n'est pas un Collége, c'est mieux qu'un Séminaire, c'est une famille. Le chef, vieillard aux cheveux blancs, voit se déployer autour de lui et se ranger, dans une belle et touchante hiérarchie, les générations diverses dont il est le père, ses fils, ses petits-fils et ses arrière-petits-fils, comme une vigne féconde dont les innombrables rejetons entourent le cep paternel et le parent de leurs festons joyeux. Tous ces enfants respectueux contemplent le vieillard et attendent ses ordres. Les plus âgés, ceux qui ont déjà blanchi près de lui, ceux qui entrent dans ses conseils et partagent son autorité, lui obéissent comme les plus jeunes, les pères comme les enfants, les Pasteurs comme les agneaux. Il commande à tous, ou plutôt, avec une grâce et une douceur

(1) Isaïe, ch. XLIX, v. 15.

infinies , il fait connaître à tous ses désirs, et, d'un commun accord, d'un mouvement unanime, tout s'ébranle et tout marche selon sa volonté.

Tel est le spectacle qui frappa d'étonnement tous ceux qui en furent les témoins, qui excita plus d'une fois votre admiration, Monseigneur, et obtint, naguère encore, vos augustes éloges.

Pénétré de l'importance de sa mission, M. Lacombe n'oublia rien pour en préparer le succès et en assurer les résultats. Il eût voulu prendre l'enfant, le Prêtre futur, dès le premier âge, au sortir des bras maternels, avant que le souffle du mal n'eût altéré son innocence. Ne pouvant ouvrir sitôt les portes du Temple aux jeunes Samuels , il leur donna du moins au dehors, des maîtres pieux qui préservèrent leurs tendres années et préparèrent leur âme aux graves épreuves de l'initiation sacerdotale. Par ses soins, son influence ou ses libéralités généreuses, des Écoles Chrétiennes furent fondées dans les cités les plus importantes du Diocèse. Bazas, Sainte-Foy, Blaye, Cadillac, lui durent l'érection ou le maintien dans leur sein de ces établissements utiles. L'admirable munificence de l'administration civile à cet égard le dispensa du soin de songer à la métropole. Ce fut après avoir été blessé à mort par une maladie cruelle, et quand il sentait déjà tarir dans son sein les sources de la vie, ce fut alors, qu'à travers les plus insurmontables difficultés, il entreprit de doter d'une École Chrétienne la cité, berceau de sa grande famille : il ne voulut pas s'en aller sans avoir payé à la ville hospitalière sa dette de reconnaissance.

Le Prêtre, à tous ses âges, fut l'objet de ses pensées ! Il avait garanti sa première enfance, il s'inquiéta de son extrême vieillesse. Il craignit que ce noble désintéressement, cette charité imprévoyante qu'il lui avait apprise et dont il lui voyait déjà donner de si beaux exemples, ne préparassent à ses derniers jours une triste et douloureuse indigence ; et avec cette modestie qui lui était si naturelle, il laissa tomber dans le cœur d'un pieux Pontife une pensée que le ciel lui avait donnée. Béni soit celui qui jeta le grain sacré ! le grain a germé, a grandi depuis, et, cultivé aujourd'hui par des mains généreuses autant qu'infatigables, il verse d'inépuisables bienfaits sur les vétérans du Sanctuaire et sur les invalides de la milice sainte.

La construction des églises, œuvre si puissamment et si largement développée de nos jours et dans nos contrées par le zèle d'un grand Évêque, la construction des églises ne trouva pas M. Lacombe indifférent. Il préparait les Pasteurs avec tant de sollicitude ! pouvait-il rester étranger à la formation des troupeaux ? Sa main débile et sexagénaire apporta quelques pierres à Saint-Delphin du Pont-de-la-Maye et à Sainte-Clotilde du Bouscat.

Il étendait autant qu'il le pouvait son action autour de lui, et se hâtait de multiplier ses œuvres ; il pressentait, ce semble, que sa fin était proche et que Dieu désormais lui mesurait les jours.

Mais avant de lui ouvrir la Cité sainte, il fallait le purifier, comme tout ce qui vient de ce monde ; il fallait mettre cet or au creuset, il fallait qu'après tant d'exemples de vertu donnés à ses enfants, il leur donnât encore celui de la souffrance saintement supportée. Et voilà qu'un jour, au milieu de la surprise et de la consternation générale, Dieu lui porte un coup terrible : cet homme si fort est atteint de faiblesse ; cette nature si vigoureuse est frappée d'impuissance ; l'air, le ciel, le soleil, la verdure et les champs, ce magnifique spectacle de la création, tout lui est interdit, sa vie se resserre, se rétrécit et s'isole. Néanmoins, au milieu de ses souffrances, Job ne murmura pas contre Dieu et ne pécha point par ses lèvres (1) ; il garda toujours ce calme, cette paix, cette dignité sereine, cette résignation chrétienne et sacerdotale, et même cette gaîté décente, aimable don qu'il avait reçu du ciel comme un charme à sa vie et un ornement à ses vertus, et qu'il conserva jusque entre les bras de la mort ; car *il fut doux envers la mort, comme il l'avait été envers tout le monde.*

Relégué dans sa chambre, devenue pour tous un sanctuaire, il voua ses sept années d'infirmités à la lecture des Livres Saints et à la prière. Du pied de son crucifix il gouverna sa maison : ne pouvant plus aller à ses enfants, ses enfants vinrent à lui et continuèrent à recevoir de sa bouche vénérée les conseils de la piété et de la sagesse ; leur âme se peignait pour lui dans leurs discours et sur leurs visages, ce double miroir qu'il avait poli lui-même et qui ne le trompa jamais.

Quand il paraissait au milieu des siens, la joie éclatait par les plus vifs transports. Nous le vîmes une dernière fois dans une solennité touchante. La campagne, théâtre ordinaire de nos jeux, avait revêtu des richesses et des splendeurs inaccoutumées. C'était un beau jour pour nous : nous recevions pour la première fois un Prince de l'Église, notre bien-aimé Pontife, et le vieillard, notre père, était heureux d'une dignité glorieuse dont il croyait voir l'éclat rejaillir sur lui et sur ses enfants. La mort était déjà dans son sein et la joie resplendissait sur ses traits. D'une voix que depuis longtemps nous ne lui avions pas connue, il vous exprima sa vénération profonde, Monseigneur, son affection filiale et son dévouement sans bornes. Hélas ! c'était l'adieu d'un mourant. A cette parole émue, à cette poitrine haletante, à ces larmes qui mouillaient son visage, vous le comprîtes comme

_____

(1) Job, ch. i, v. 22.

nous, Monseigneur, et votre cœur en fut navré. Quelques jours après, le Prêtre pieux, l'ami de l'enfance, le guide de la jeunesse, le père du Clergé bordelais, le vénérable M. Lacombe n'était plus.

« Que voulez-vous qu'on dise pour vous à vos enfants? » lui demande-t-on sur son lit de mort. — Que je prie pour » eux, ne pouvant faire autre chose. — Offrez à Dieu vos » souffrances pour votre famille, pour les maîtres, pour les » élèves, afin que Dieu les bénisse à cause de vous. — Je » vous les offre, mon Dieu! dit-il d'une voix entrecoupée » et levant au ciel ses yeux éteints et ses mains défaillan- » tes. » Et la victime achève son sacrifice : elle offre à Dieu sa mort, comme elle lui avait offert sa vie pour ses enfants et pour l'Église.

En venant une dernière fois contempler sa dépouille chérie, on raconte sa mort si belle, on redit sa vie si féconde : cinq cents Prêtres sortis de ses mains; deux maisons pleines de ses enfants; les rangs lévitiques se pressant les uns les autres du degré suprême du Sanctuaire jusqu'au vestibule du Temple; des Apôtres donnés aux quatre parties du monde; dans ce vaste Diocèse, des Pasteurs préparés aux troupeaux sans guide, et, dans la société laïque, à toutes hauteurs et dans toutes les classes, des Chrétiens formés par ses mains et se souvenant de ses leçons; en un mot, une vie de foi, de travail, d'abnégation et de sacrifice, voilà ce que rappelait à chacun la mémoire du cœur, ce qui rendait les regrets plus vifs et la douleur plus profonde.

Aussi, fut-il jamais un deuil semblable? Au premier bruit du malheur qui vient de la frapper, cette grande famille, que le temps a dispersée, se réunit sous le toit paternel. Les routes se couvrent de fils désolés qui vont rendre les derniers devoirs à leur père. Tous les âges, toutes les générations se retrouvent, se reconnaissent et s'embrassent. « Nous sommes frères, s'écrient-ils, nous sommes fils d'un même père, *filii viri unius sumus.* » (1). Et les fils de Jacob chargent sur leurs épaules pieuses les os sacrés de leur père. Les vieillards de la tribu sainte, les amis éplorés du défunt les accompagnent. En les voyant passer, la cité s'émeut et s'étonne. « Quel est aujourd'hui ce grand deuil pour les fils d'Israël et pour la famille sacerdotale? » (2). La vaste Métropole les contient à peine. Puis ils reviennent, ils rapportent ici, dans la terre de bénédiction et de promesse, la dépouille du Patriarche. Les larmes se mêlent à l'eau sainte, et les sanglots aux chants funèbres. Une voix amie dit les adieux suprêmes, et des cris douloureux éclatent et font retentir les voûtes sacrées. Mais pourquoi réveiller une douleur à peine assoupie? Non, non, nous ne t'avons pas perdu, père chéri, tu vis encore parmi nous : ta tombe est un lit où tu sommeilles, la pierre sépulcrale un voile transparent qui nous laisse apercevoir encore ton doux et souriant visage. Nos respects, notre amour t'environnent encore ; non, tu n'as pas disparu du milieu de tes enfants. Et ne te retrouvons-nous pas d'ailleurs dans celui qu'une main bénie nous a donné pour second père ? dans ce fils aîné que tu te préparais depuis si longtemps pour être l'héritier de tes vertus et de tes œuvres? C'est toi qui nous diriges encore par sa main, c'est toi qui nous parles encore par sa bouche. En le voyant, en l'aimant, c'est toi que nous voyons, c'est toi que nous aimons encore.

(1) Genèse, ch. XLII, v. 13.
(2) Genèse, ch. L., v. 11.